AF375824

A TEORIA DA EVOLUÇÃO DE DARWIN

INFORMAÇÃO CHAVE

- **Quando:** 24 de novembro de 1859
- **Onde:** Londres
- **Contexto:** O debate científico sobre a origem das espécies no século 19
- **Contribuintes:**
  - Charles Darwin, naturalista britânico (1809-1882)
  - Alfred Russel Wallace, viajante britânico e naturalista (1823-1913)
- **Impacto:**
  - Nova conceção da origem das espécies na história natural
  - Criação do Darwinismo

Em 24 de Novembro de 1859, o livro *On the Origin of Species by Means of Natural Selection, or the Preservation of Favoured Races in the Struggle for Life (Sobre a Origem das Espécies por Meios de Seleção Natural, ou a Preservação das Raças Favorecidas na Luta pela Vida)* apareceu pela primeira vez. O livro, que foi reimpresso várias vezes e traduzido em muitas línguas, perturbou a opinião pública no século XIX. O seu autor, Charles Darwin, afirmou que

A TEORIA DA EVOLUÇÃO DE DARWIN

A origem das espécies

A TEORIA DA EVOLUÇÃO DE DARWIN

A origem das espécies

escrito por Romain Parmentier
traduzido por Alva Silva

todas as espécies que habitam a Terra são o resultado de uma evolução lenta e que continuam a evoluir numa luta desesperada pela sobrevivência. Mas não serão estas espécies seres imutáveis, vivendo numa natureza abundante de acordo com a vontade de Deus? O fosso entre estas duas ideias é impressionante.

Charles Darwin levou muitos anos a transcrever os seus pensamentos e a sua teoria. Fascinado pelas ciências naturais, foi principalmente a sua viagem como naturalista a bordo do *Beagle* que lançou as bases para as suas ideias revolucionárias. Depois de partir em dezembro de 1831, o navio regressou a Inglaterra em outubro de 1836. Durante estes cinco anos, o jovem cientista aproveitou a oportunidade para recolher e estudar uma multidão de espécies animais e vegetais. Ele também passou por uma série de experiências que mudaram para sempre a sua visão da natureza.

No seu regresso, Charles Darwin recolheu os seus pensamentos. Em 1839, chegou à conclusão de que as espécies sofrem mudanças, permitindo uma evolução por seleção natural na luta pela sobrevivência. Comido pela ansiedade de enfrentar as consequências que uma tal perturbação científica poderia causar, Darwin levou vinte anos a completar o seu trabalho, tentando dar respostas para aqueles que o contestariam, e marcou para sempre a história do mundo.

CONTEXTO POLÍTICO, ECONÓMICO E SOCIAL

GRÃ-BRETANHA EM TODO O MUNDO

O século XIX foi, sem dúvida, a era da Grã-Bretanha. De facto, o país que assistiu ao nascimento de Charles Darwin estava no seu auge. Embora a sua ascensão no poder tivesse vindo a desenvolver-se durante muitas décadas, acelerou particularmente nos finais dos séculos XVIII e XIX. A Grã-Bretanha foi a primeira a entrar na revolução industrial do ferro, do carvão e da máquina a vapor, dando-lhe a oportunidade de se antecipar a todas as outras nações. A indústria desenvolveu então consideravelmente a economia britânica, e a Grã-Bretanha exportou cada vez mais bens, ao ponto de se tornar a maior economia do mundo.

Outro fator que também marca a importância da Grã-Bretanha do século XIX é o significado dos seus territórios. No final do século anterior, quando o país perdeu as suas colónias americanas na sequência da Guerra da Independência (1775-1783), ainda possuía o Canadá e muitos territórios nas Caraíbas. Reforçando o poder da sua marinha, a Grã-Bretanha continuou inexoravelmente as suas conquistas territoriais. Muitas expedições permitiram-lhe tomar posse da Austrália, Nova Zelândia, e muitas ilhas no Pacífico. Além disso, a Índia, tão cobiçada por todos os países europeus, foi gradualmente conquistada pelos britânicos entre 1757 e 1858, quando o território passou definitivamente sob a autoridade da Coroa. Finalmente, a África foi objeto de uma luta feroz entre as potências europeias na segunda metade do século XIX. Ali, a Grã-Bretanha esculpiu um verdadeiro império para si própria, com colónias que se estendiam desde o Cairo até à Cidade do Cabo.

O controlo britânico dos mares também resultou das suas vitórias sobre os rivais europeus, a começar pela França. Depois das guerras da Revolução Francesa e das Guerras Napoleónicas (1793-1815), os britânicos finalmente tiraram os concorrentes franceses e espanhóis da corrida, transformando o país na primeira potência marítima. O Tratado de Viena de 1815 concedeu também à Grã-Bretanha uma série de bases fortificadas, tais como Gibraltar, Freetown (Serra Leoa), Santa Helena, Cidade do Cabo, Maurícias, Ceilão e Malta, que doravante serviram para assegurar a comunicação entre as colónias e a metrópole.

O SÉCULO DA CIÊNCIA

Herdado do Iluminismo, cujo objetivo era combater o Obscurantismo, o entusiasmo pela investigação científica continuou e acelerou num século XIX que foi ao mesmo tempo romântico e positivista.

Com base no trabalho do pai da química moderna, Lavoisier (1743-1794), a quem devemos o primeiro isolamento dos elementos químicos, os seus sucessores descobriram quase todos os elementos no século XIX.

Em 1869, o químico russo Mendeleev (1834-1907) classificou-os de acordo com os seus pesos atómicos na sua famosa tabela periódica.

O campo da eletricidade experimentou mesmo o seu primeiro sucesso com a invenção da bateria por Alessandro Volta (físico italiano, 1745-1827) em 1800. Muitas outras descobertas resultaram desta invenção, tais como o princípio do eletrólise revelado por Anthony Carlisle (fisiologista britânico, 1768-1840) e o eletromagnetismo descoberto por André Marie Ampere (físico francês, 1775-1836) e Michael Faraday (químico e físico britânico, 1791-1867).

Na medicina, a anestesia começou a ser mais amplamente utilizada em 1844 graças ao éter. Os progressos também continuaram no campo dos antibióticos e vacinas, particularmente com o trabalho de Louis Pasteur (químico e biólogo francês, 1822-1895).

Esta sede de conhecimento também levou os intelectuais europeus a explorar as diferentes regiões do mundo, a fim de compreender como funcionava. Estas grandes expedições científicas incluíram cartógrafos, responsáveis pela melhoria contínua dos mapas de áreas remotas, astrólogos que, através das suas observações, expandiram o conhecimento do universo, mas também muitos naturalistas que recolheram e descobriram continuamente espécies animais e vegetais. O objetivo principal já não era tanto a descoberta de novos territórios, mas o aprofundamento da compreensão do mundo e de tudo o que nele existe.

Até ao início do século XIX, uma ideía dominou tudo: o criacionismo. Seguindo os preceitos bíblicos do Génesis, todas as espécies eram consideradas imutáveis, tendo surgido espontânea e independentemente umas das outras, de acordo com a vontade de Deus. Além disso, a escala temporal geológica da época era bastante diferente da que conhecemos hoje. De facto, ela traçou a criação da Terra no domingo 23 de outubro de 4004 a.C., o que não teria permitido a teoria da evolução tal como a conhecemos hoje, uma vez que foi há tão pouco tempo. Esta tendência profundamente religiosa foi retransmitida no mundo científico pelo Fixismo, que afirma que cada espécie atravessou os tempos sem mudar, ou pelo menos sem sofrer quaisquer mudanças significativas. O fixismo ganhou importância no século XVIII com o trabalho de Carl Linnaeus (naturalista e médico sueco, 1707-1778), que concebeu um sistema de classificação de espécies atribuindo a cada indivíduo um nome latino, um género e uma espécie. O sistema, ainda hoje utilizado, foi então considerado fixo e imutável, refletindo a divisão original desejada pelo Criador.

 **Um cálculo cronometrado**

A data da criação do mundo (domingo 23 de outubro de 4004 a.C.) foi calculada no século XVII pelo arcebispo irlandês James Ussher (1581-1656). Ele estabeleceu a sua cronologia com base na Bíblia, que diz toda a linha masculina desde Adão, o primeiro homem, até Salomão (Rei de Israel, 970-931 a.C.), considerando a idade mencionada de cada descendente. Ele fez então a ligação com a cronologia dos Reis de Israel, e com eventos perfeitamente datáveis que ocorreram nessa altura noutras civilizações, tais como os Romanos. Foi esta contagem decrescente que acabou por levar ao ano de 4004 a.C. O mês e ano foram então determinados com base no início do ano judaico, que foi o 23 de outubro desse ano. O dia de domingo foi também escolhido de acordo com a tradição judaica. Segundo o Génesis, Deus criou o mundo em seis dias e descansou no sétimo dia, que para os judeus, corresponde ao sábado, Shabbat. O início da criação foi, portanto, um domingo, o primeiro dia da semana judaica.

No início do século XIX, foi o naturalista francês Georges Cuvier (1769-1832) que encarnou a tendência fixista. Paradoxalmente, foi um dos fundadores científicos dos dois discípulos que sustentaram as teorias evolutivas algumas décadas mais tarde, nomeadamente a paleontologia (o estudo dos seres vivos a partir dos fósseis) e a anatomia comparativa (estudos de parentesco baseados na anatomia). Contudo, apesar da descoberta de centenas de fósseis, Georges Cuvier posicionou-se como defensor do fixismo, acreditando que as espécies fossilizadas não tinham qualquer ligação com as do seu tempo. Ele acreditava que algumas tinham desaparecido e que outras tinham sido criadas, de forma completamente independente. Para apoiar a sua hipótese, utilizou uma teoria invocando grandes cataclismos, o último dos quais foi a inundação superada pela arca de Noé.

Embora o fixismo tenha dominado, outra tendência científica que remonta à Antiguidade tornou-se cada vez mais significativa nessa altura: o transformismo. Ao contrário dos fixistas, os transformismos acreditavam que as espécies tinham mudado ao longo do tempo em resposta a certas circunstâncias. Relayed pelos grandes naturalistas do Iluminismo, como Georges Louis Leclerc de Buffon (1707-1788), o transformismo realmente viu a sua influência aumentar com Jean-Baptiste Lamarck (naturalista francês, 1744-1829). Para este último, as espécies sofrem mudanças numa progressão constante no sentido de uma maior complexidade e avanço. Chegou mesmo a fazer uma lei – agora obsoleta – relativa à herança de traços, afirmando que a transformação de um órgão é transmitida de geração em geração, mudando as espécies. O exemplo mais conhecido para apoiar a sua reivindicação foi a girafa, forçada a alimentar-se de folhas de árvores, que gradualmente estendeu o seu pescoço. A transformação tornou-se então hereditária. Embora a genética no século XX tenha demonstrado que as transformações e mutações das espécies são muito mais complexas, Jean-Baptiste Lamarck continua, no entanto, a ser um precursor da teoria da evolução.

BIOGRAFIAS

CHARLES DARWIN

Naturalista e fundador da teoria da evolução, Charles Darwin nasceu a 12 de fevereiro de 1809 em Shrewsbury (Inglaterra), numa família rica e educada. De facto, os seus avós eram médico, botânico, zoólogo e poeta Erasmus Darwin (1731-1802) e o famoso oleiro Josiah Wedgwood (1730-1795), e o seu pai, Robert Waring Darwin (1766-1848), era médico. Apesar destas excelentes carreiras familiares, Charles Darwin tinha muito pouco interesse na escola, o que se refletiu nas suas notas. No entanto, era apaixonado pela natureza e começou a recolher plantas e insetos desde tenra idade.

Em 1825, aos 16 anos de idade, o seu pai decidiu mandá-lo para a Universidade de Edimburgo para aprender medicina. Mas estes estudos vieram a aborrecer e até enojaram o jovem, que partiu dois anos mais tarde. No entanto, foi lá que recebeu as suas primeiras lições de História Natural, o que confirmou as suas paixões por botânica e zoologia. Como parecia faltar ao jovem Darwin uma verdadeira vocação, o seu pai sugeriu que ele se tornasse pastor, mas esta posição implicava a obtenção de um diploma. Charles Darwin começou três anos de estudo em Cambridge, sem muito entusiasmo, mas com a oportunidade de ter aulas de botânica. Depois fez amizade com o Professor John Henslow (botânico e geólogo britânico, 1796-1861).

Em 1831, finalmente obteve o seu Bacharelato em Artes e, a conselho do seu professor, participou numa expedição com Adam Sedgwick (1785-1873) ao norte do País de Gales pouco tempo depois. Esta experiência aperfeiçoou a formação naturalista de Charles Darwin que, para além de botânica e zoologia, estava agora familiarizado com a geologia.

Ao deixar a universidade, não quis tornar-se pastor. Em vez disso, sonhava com aventura e viagens, como os grandes naturalistas do seu tempo. Mais uma vez, John Henslow aconselhou o jovem e sugeriu-lhe que se juntasse à expedição do HMS *Beagle* como naturalista, chegando ao ponto de enviar uma carta de recomendação ao capitão do navio, Robert FitzRoy (1805-1865). Charles Darwin foi finalmente escolhido e embarcou no navio em dezembro de 1831, depois de ter conseguido obter a aprovação do seu pai pouco disposto. Embora a viagem estivesse prevista para durar dois anos, foram necessários cinco anos para que o *Beagle* cumprisse a sua missão. Esta viagem foi decisiva para Darwin que, através da observação, recolha e análise de todas as espécies de plantas, animais e minerais que encontrou, começou a formular a teoria que mais tarde o tornaria famoso.

De volta a Inglaterra, percebeu que se tinha tornado conhecido dentro dos círculos científicos. John Henslow tinha de facto tido o cuidado de publicar a correspondência da viagem do jovem naturalista. Com este apoio, Charles Darwin viu a possibilidade de ganhar a vida com a sua investigação científica e abandonou definitivamente a sua carreira como clérigo. Em 1839, casou-se, entrou na Royal Society e publicou o seu diário de viagem do *Beagle*, que incluía uma teoria sobre as formações dos atóis.

Em 1858, outro naturalista chamado Alfred Russel Wallace enviou-lhe o seu trabalho sobre uma teoria da evolução que era semelhante à sua própria. Sob pressão dos seus amigos, Darwin decidiu finalmente publicar o seu trabalho para se antecipar a Wallace. Em 24 de Novembro de 1859, o livro *Sobre a Origem das Espécies por Meios de Seleção Natural, ou a Preservação das Raças Favorecidas na Luta pela Vida*, foi lançado em livrarias. O sucesso foi imediato.

Na sequência desta publicação, todo o campo da biologia foi virado do avesso e debates intensos tiveram lugar no seio da comunidade científica. No entanto, Charles Darwin, afastando-se da controvérsia, continuou a dedicar-se à sua investigação, publicando inúmeros outros escritos e aperfeiçoando a sua teoria. Morreu a 19 de abril de 1882, em Down, Kent.

ALFRED RUSSEL WALLACE

Alfred Russel Wallace era um naturalista nascido a 8 de janeiro em Usk (País de Gales). Fascinado pelas ciências naturais, entre 1848 e 1852 empreendeu viagens à América do Sul onde, como outros naturalistas, recolheu, observou e explorou todo o tipo de espécies. Partiu então novamente em 1854 para o Arquipélago Malaio e esteve baseado principalmente no Bornéu.

Na sequência das suas observações, tal como Charles Darwin, chegou rapidamente à conclusão de que as espécies animais e vegetais são o resultado de uma longa evolução, da qual a seleção natural é a força motriz. Desejando confrontar as suas ideias, ele enviou o seu trabalho *Sobre a Tendência das Variedades para Partir Indefinidamente do Tipo Original* para Darwin em 1858. Vendo quão avançado estava o trabalho de Alfred Wallace, Darwin, pressionado pelos seus amigos, decidiu publicar a sua própria teoria o mais cedo possível. Embora reconhecendo a precedência do trabalho de Charles Darwin, Alfred Wallace continuou a servir a teoria da evolução ao longo da sua vida.

Morreu a 7 de novembro de 1913 em Broadstone (Inglaterra).

A TEORIA DA EVOLUÇÃO

UMA VIAGEM A BORDO DO *BEAGLE*

Charles Darwin mal tinha terminado os seus estudos quando lhe foi oferecida a oportunidade de participar numa expedição científica do Almirantado britânico no *Beagle*. Comandada pelo capitão Robert FitzRoy, a missão visava continuar o mapeamento da Patagónia e Tierra del Fuego, que tinha começado em 1826, e depois realizar levantamentos nas costas do Chile, Peru e algumas ilhas do Pacífico.

Embarcou no *Beagle* e partiu na quarta-feira 27 de dezembro de 1831, por um período de cinco anos. Com 22 anos na altura da partida, o naturalista alegou mais tarde que "a viagem do Beagle [foi] de longe o acontecimento mais importante da [sua] vida e ... determinou [a sua] carreira inteira" (Darwin, 2002).

Apesar de sofrer de enjoos marítimos, o jovem naturalista desfrutou da sua missão no *Beagle*. O comandante permitiu-lhe realizar longas excursões à costa para que pudesse explorar, recolher, estudar e naturalizar todas as espécies que se encontravam à sua disposição. Após várias paragens e uma longa travessia do Atlântico, o navio chegou à Baía do Rio a 4 de abril de 1832. Ali, foi prevista uma paragem de dois meses, o que deu a Darwin a liberdade total para se aventurar na floresta tropical.

Fascinado pela incrível diversidade no trabalho na natureza, o jovem foi também apanhado pelo caos da floresta, onde a vida estava lado a lado com a morte e a decomposição, bem como pela luta feroz entre as espécies para tentar sobreviver. Esta visão era nova para ele. Até então, todos consideravam a floresta tropical como sendo um magnífico Jardim do Éden, onde a natureza era boa, segundo a vontade divina. Mas lá, o naturalista descobriu o oposto. A sobrevivência governava o comportamento dos indivíduos neste ambiente hostil. Darwin iniciou incansavelmente um levantamento geral das condições de vida das espécies e das ligações entre elas.

O TEMPO PARA O INTERROGATÓRIO

O *Beagle* retomou a sua viagem a 5 de julho e chegou à Bahia Blanca (sul de Buenos Aires) a 7 de setembro. Durante uma viagem de campo, Charles Darwin descobriu ossos fossilizados. Embora já tivesse visto alguns, esta foi a primeira oportunidade que teve de os examinar no seu local de descanso natural. Notou então que os ossos estavam posicionados em diferentes camadas geológicas, demonstrando uma agitação do solo. Contudo, a sua atenção permaneceu centrada nos restos do mamífero gigante, que surpreendentemente tinham semelhanças com outras espécies que ainda estavam vivas, enquanto os preceitos de Georges Cuvier afirmavam o contrário. Este mamífero, ao qual foi dado o nome de Megatherium, era na realidade uma preguiça gigante que se encontrava extinta há 11 000 anos.

Esta descoberta fascinou Charles Darwin e alimentou os seus pensamentos. Existiria uma ligação entre a espécie extinta e a espécie viva? Serão as espécies de hoje o resultado de uma transformação das espécies mais antigas? Para o naturalista, era demasiado cedo para responder a tais perguntas. No entanto, as suas sempre crescentes descobertas e coleções, que enviou para Inglaterra assim que surgiu a oportunidade, mudaram todas as suas conceções anteriores do mundo e da natureza.

Em dezembro de 1832, uma nova experiência veio perturbar ainda mais as ideias naturalistas. O *Beagle* chegou à Terra do Fogo e estava prestes a desbaratar um missionário e três Fuegians (habitantes da Terra do Fogo). Tinham sido trazidos para a Inglaterra para serem educados três anos antes. O objetivo da experiência era trazê-los de volta à sua tribo original para civilizarem o resto da população. Embora esta parte da missão tenha terminado num fracasso total, serviu em grande medida os reflexos do naturalista. Charles Darwin, que conheceu homens "primitivos" pela primeira vez, ficou chocado. Ele notou o seu modo de vida básico, o seu comportamento que beirava a selvageria e a sua luta para sobreviver num ambiente precário. No entanto, três deles tinham sido educados, o que provou que não havia superioridade intelectual, como muitos pensavam na altura, entre as "raças" dos homens. Por conseguinte, foi o ambiente que influenciou a condição humana. Confrontado com o espetáculo de populações selvagens no mundo inteiro, Charles Darwin observou que a fronteira entre homem e animal era mais fina do que os teólogos queriam acreditar. Pelo contrário, Darwin não via o homem como uma criação divina colocada acima de tudo, mas como um mamífero, entre muitos outros.

Depois de várias viagens e paragens na Patagónia, o *Beagle* passou o Estreito de Magalhães em junho de 1834. A 23 de Julho, chegou a Valparaiso, Chile. Charles Darwin embarcou numa excursão inicial aos Andes e, para seu espanto, descobriu conchas fossilizadas a 4000 metros de altitude. Esta experiência inquietante fê-lo perceber que o solo tinha sido fortemente levantado por forças desconhecidas. Além disso, tal acontecimento deveria ter ocorrido durante um longo período de tempo, o que pôs em causa as suas ideias de tempo geológico da Bíblia. O *Beagle regressou* então pela costa a Valdivia (porto do Chile), alcançando-a em fevereiro de 1835, antes de regressar a Valparaíso em março, onde o naturalista explorou os Andes pela segunda vez. Em Valdivia, Charles Darwin enfrentou um violento terramoto, que o fez perceber o incrível poder da natureza e, em particular, a instabilidade de um mundo em constante mudança.

AS ILHAS GALÁPAGOS E OS SEUS TENTILHÕES

Depois de chegar a Lima (Peru), a expedição dirigiu-se para as Ilhas Galápagos, da qual Charles Darwin ficou contente. Esta etapa da viagem foi de facto crucial para o naturalista no desenvolvimento da sua teoria. O *Beagle* chegou à ilha de Chatham a 17 de setembro de 1835, e Darwin começou imediatamente a sua exploração.

Passando de ilha em ilha, reparou que existiam espécies neste arquipélago que não podiam ser encontradas em mais lado nenhum. Entre as mais famosas encontram-se as tartarugas gigantes, das quais teve oportunidade de provar a carne, e as iguanas, que atirou várias vezes à água para testar a sua resistência à água. Charles Darwin estava também interessado nas aves das ilhas, nomeadamente os tentilhões que, muitos anos mais tarde, se tornariam verdadeiramente famosos graças a ele.

Entre as 26 espécies de aves terrestres recolhidas, os tentilhões pareciam bastante comuns à primeira vista. No entanto, após a sua observação, Darwin distinguiu nada menos que treze tipos destas pequenas aves que se diferenciaram pelo tamanho dos seus bicos. Eram por vezes muito desenvolvidas como um grosbeak, por vezes muito mais finas como uma toutinegra, e entre os dois extremos existia uma multiplicidade de tamanhos. Charles Darwin só muito mais tarde se apercebeu da importância do exemplo dos tentilhões, enquanto desenvolvia a sua teoria. Eles são de facto provas tangíveis das variações das espécies.

Provavelmente descendentes de um antepassado comum no continente americano, estas aves mudaram com o tempo para se adaptarem à dureza do ambiente das Ilhas Galápagos. Com a comida a ser limitada, as espécies evoluíram para incluir traços específicos baseados na comida disponível em cada ilha. Algumas tornaram-se comedoras de sementes, enquanto outras são insectívoras. Mas mesmo dentro da primeira categoria, existem individualidades: de facto, algumas alimentam-se de sementes mais duras e maiores, que apenas um bico mais forte poderia dividir, enquanto outras alimentam-se de sementes mais pequenas e mais fáceis de comer, fornecendo as explicações necessárias quanto aos muitos tipos de bico que podem ser encontrados nesta ave.

Ainda hoje, "os tentilhões de Darwin" são estudados para observar a evolução das espécies. Assim, durante os períodos de seca, quando os alimentos são menos abundantes, os biólogos assistem a um declínio da população de tentilhões de bico pequeno, pois não são capazes de rachar as sementes maiores como os tentilhões de bico grande, que se podem alimentar de tudo. Esta descoberta mostra assim que as espécies mais adaptadas sobreviverão sobre as menos adaptadas. Embora Darwin não falasse da seleção natural quando descobriu os tentilhões, estava, contudo, convencido da variação das espécies e da especiação (formulação de novas espécies).

Com a missão do *Beagle* a chegar ao fim, o regresso à Grã-Bretanha poderia finalmente começar. A 20 de Outubro de 1835, o navio deixou as Galápagos e chegou sucessivamente ao Tahiti, Nova Zelândia e Austrália. Em abril, chegou às Ilhas Cocos (ilhas do Oceano Índico), onde Darwin desenvolveu a sua teoria sobre a formação de atóis. Ficou também fascinado pelos corais, cujos vários ramos inspiraram as suas árvores evolutivas (onde as espécies vão em múltiplas direções). Finalmente, após viajar pela Maurícia, Cidade do

Cabo, e a ilha de Santa Helena, o navio chegou à Grã-Bretanha a 2 de outubro de 1836. Durante a viagem, Charles Darwin tinha escrito 770 páginas de notas e recolhido 1 529 espécies conservadas em álcool e 3 907 espécies "secas". Com uma base tão vasta de materiais, a reflexão do naturalista sobre as suas descobertas poderia continuar durante anos.

SOBREVIVÊNCIA DO MAIS APTO

No seu regresso, Charles Darwin notou que se tinha tornado famoso. As suas cartas a John Henslow tinham de facto sido lidas em círculos científicos, tornando-o assim um homem conhecido da ciência. Começou imediatamente a catalogar as suas coleções e confiou-as mesmo a muitos especialistas, de modo a obter o máximo de informação possível. Em fevereiro de 1837, os primeiros resultados caíram, particularmente sobre os tentilhões das Galápagos: existiam 13 tipos diferentes de tentilhões, mas todos eles eram muito próximos uns dos outros. Entretanto, Charles Darwin trabalhou nas suas notas, que acabou por publicar em 1839. Finalmente, de julho de 1837 a julho de 1839, escreveu os seus primeiros livros sobre a sua teoria da origem das espécies.

Contudo, Darwin manteve-se cauteloso, consciente de que as suas ideias eram perigosas para a época. Portanto, embora permanecendo discreto, rodeou-se de cientistas, bem como de criadores de gado, jardineiros e viveiristas para recolher novas provas. A sua teoria diferia agora claramente do criacionismo, mas também do transformismo de Lamarck. Assim, ele levantou a hipótese de que a transformação da espécie não é controlada como resultado do desejo de melhoria de um animal, mas sim como uma adaptação ao seu ambiente. Portanto, não foram as girafas que esticaram o seu próprio pescoço de comer folhas localizadas nas árvores, foram as girafas com o pescoço mais comprido que conseguiram ter mais comida e assim sobreviveram. Através da observação e reflexão, Charles Darwin compreendeu que esta seleção era a pedra angular da transformação das espécies.

Observou assim que os criadores de animais de estimação podiam identificar diferenças mínimas entre certos animais e selecionar artificialmente o mais apropriado ou o mais forte para se reproduzir, alterando assim gradualmente a espécie. Na natureza, esta seleção também ocorre, mas esta é uma seleção natural. No entanto, Darwin ainda não compreendeu como esta seleção teve lugar naturalmente. Qual foi a causa? Continuando a sua análise, e especialmente a sua leitura, encontrou finalmente a resposta em *Um Ensaio sobre o Princípio da População* por Thomas Malthus (economista britânico, 1766-1834), no qual é apresentada a luta humana pela sobrevivência. Recordando a feroz batalha travada pelas espécies na floresta tropical, Charles Darwin percebeu que tinha encontrado a razão para a seleção natural: a luta pela sobrevivência. Num ambiente hostil, quando as condições de vida do ambiente estão a mudar, apenas os mais adaptados sobreviverão e se reproduzirão, transformando gradualmente as espécies. O naturalista tinha agora a base da sua teoria, mas a sua preocupação com a revolução que iria provocar impediu constantemente a escrita e publicação do seu livro.

A ORIGEM DAS ESPÉCIES POR MEIOS DE SELEÇÃO NATURAL

Charles Darwin escreveu constantemente durante os próximos vinte anos (1839-1859). Escreveu obras sobre atóis, ilhas vulcânicas e zoologia a partir da sua viagem no *Beagle*. Em 1842 e 1844, também escreveu dois esboços da sua teoria da evolução, mas continuou a recolher incansavelmente provas antes de pensar em publicá-las. Entretanto, de 1846 a 1852, Darwin dedicou-se a estudar cracas (crustáceos) a fim de continuar a construir a sua reputação, continuando ao mesmo tempo a sua obra principal.

A partir de 1856, Darwin começou a escrever o seu livro e em março de 1858, dez capítulos foram concluídos, incluindo o dedicado à seleção natural. No entanto, a sua publicação efetiva foi apressada por um elemento externo. Outro naturalista, Alfred Wallace enviou a Darwin as suas próprias obras, que se revelaram muito semelhantes às suas próprias obras. Encorajado pelos seus amigos, Darwin apresentou uma amostra da sua obra a 1 de julho de 1858 juntamente com o ensaio de Alfred Wallace, mas declarou que tinha estado a trabalhar na teoria desde 1839. Embora o ensaio tenha sido recebido com a maior indiferença, o naturalista continuou a escrever o seu livro. Finalmente, a 24 de novembro de 1859, publicou a obra da sua vida: *Sobre a Origem das Espécies por Meios de Seleção Natural, ou a Preservação das Raças Favorecidas na Luta pela Vida.*

Uma teoria da evolução inteiramente nova veio à luz. Segundo Charles Darwin, as espécies não eram imutáveis como o criacionismo implicava, mas eram o resultado de um lento processo de evolução de um antepassado comum. Ele afirmou que esta mudança era governada por uma seleção natural. Para cada espécie, as mudanças podem ocorrer por acaso. Estas podem ser positivas ou negativas, dependendo das circunstâncias (ambiente, clima, alimentação, camuflagem, etc.). A seleção natural pode então funcionar. Se a evolução for mais adequada às circunstâncias atuais, estes indivíduos terão então mais probabilidades de sobreviver e reproduzir-se, transmitindo assim as suas características específicas aos seus descendentes. Os menos aptos estão condenados a desaparecer. Esta mudança é, portanto, constante. Não tem direção, objetivo nem uma finalidade específica que tenderia a mais progresso, mas é simplesmente o resultado de uma melhor adaptação.

IMPACTO

OPOSIÇÃO RELIGIOSA E CIENTÍFICA

A publicação de *A Origem das Espécies* teve sucesso imediato, ao ponto de a primeira tiragem de 1 250 exemplares se ter esgotado em breve. Houve seis edições do livro até 1872, com informação extra de revisões. Apesar deste sucesso, a obra suscitou muitas controvérsias. Tornado público pelo jornal, começou na Grã-Bretanha um verdadeiro debate público sobre o livro naturalista entre os evolucionistas e a Igreja Anglicana, sendo esta última apoiada no mundo científico pelos Fixistas.

A obra de Charles Darwin suscitou de facto a ira da Igreja porque omitiu ou negou completamente a existência de Deus. De acordo com as conceções da época, toda a criação foi um ato de vontade divina, como ensinado na Bíblia. Do mesmo modo, a imagem de natureza abundante foi completamente minada por Charles Darwin. Em vez disso, apresentou-a como feroz, pois é o lugar onde a seleção natural favorece impiedosamente os mais aptos. Provando cientificamente que nenhuma intervenção divina estava no centro da origem das espécies e da sua evolução, Charles Darwin invalidou a noção de Deus, e, portanto, a própria fé. No entanto, na altura, a Igreja via-se a si própria como o garante da ordem social. O princípio da evolução era mesmo hostil aos Fixistas que tinham acabado de completar a imutável classificação das espécies de acordo com o sistema Linnaean.

Finalmente, o trabalho de Charles Darwin iludiu deliberadamente a questão do homem e das suas origens. O autor esperava evitar problemas, mas o seu silêncio foi rapidamente interpretado, e provavelmente com razão, como um desejo de não fazer distinção entre o homem e outras espécies. O homem não está acima da luta, mas está sujeito, como as outras espécies, às leis da evolução. Esta visão foi logo reduzida à ideia de que o homem evoluiu dos símios – o que Charles Darwin nunca afirmou no seu livro.

Os ataques de cada lado acabaram por conduzir a um grande debate que se realizou em Oxford a 30 de junho de 1860. Darwin, então em sofrimento, não participou, mas foi representado pelo seu amigo, Thomas Huxley (fisiologista britânico, 1825-1895), enquanto o Bispo de Oxford, Samuel Wilberforce (1805-1873) falou em nome do lado religioso. O debate entre os dois homens foi brutal. O bispo não hesitou em perguntar ao seu adversário se ele tinha descido dos macacos através do seu avô. Thomas Huxley respondeu: "Se então, disse eu, a pergunta me fosse colocada, preferia ter um macaco miserável para um avô ou um homem altamente dotado pela natureza e possuidor de grandes meios de influência e, no entanto, que emprega essas faculdades e essa influência com o mero propósito de introduzir o ridículo numa discussão científica grave, afirmo sem hesitar a minha preferência pelo macaco" (Continenza, 2004: 136). No final do debate, cada parte acreditava que tinha ganho a vantagem e assim as controvérsias continuaram durante muitos anos. No entanto, as ideias de

Charles Darwin espalharam-se por todo o mundo e o progresso científico acabou por lhe dar razão.

Da mesma forma, a Igreja acabou por rejeitar qualquer contradição entre a teoria da evolução e a fé, considerando agora que a intervenção de Deus foi feita no nascimento do universo, ao qual ele deu as suas leis. Contudo, outros grupos religiosos mais fanáticos continuam ainda hoje a negar a teoria de Charles Darwin, preferindo uma leitura literal da Bíblia. Estes grupos chamados criacionistas encontram-se principalmente nos Estados Unidos e na Austrália.

DARWINISMO E NEO-DARWINISMO

Enquanto se mantinha afastado dos debates, Charles Darwin continuou o seu trabalho e apresentou argumentos que apoiavam a sua teoria da melhor forma possível. Assim, fez muitas outras publicações que apoiaram as suas reivindicações ou trataram de diferentes assuntos. Consciente de que não podia evitar indefinidamente o assunto, o naturalista também abordou a questão do Homem em *The Descent of Man, e Selection in Relation to Sex*, publicado em 1871, seguido de *The Expression of the Emotions in Man and Animals* no ano seguinte. Nestes dois livros, Charles Darwin colocou o homem entre os mamíferos, que, tal como outras espécies, tinham descendido de um antepassado comum. O homem está também sujeito à evolução. Contudo, o naturalista não viu o homem como o produto da seleção natural, mas de outro fator, nomeadamente a seleção sexual que, embora menos rigorosa, também apareceu noutras espécies. Os machos mais bonitos e mais fortes eram mais propensos a reproduzir-se e a ter descendência.

Embora muito criticado, Charles Darwin também tinha alguns defensores, que podiam ser encontrados especialmente na geração mais jovem de naturalistas que viam o seu trabalho como revolucionário no campo da ciência. Nascia o darwinismo, que defende a teoria da evolução. Durante os últimos anos de vida de Darwin e muito depois, muitos investigadores continuaram o seu trabalho. A questão do homem era ainda um debate, levando muitos cientistas a procurar o elo perdido, fazendo hipoteticamente a ligação entre o macaco e o homem. Em 1856, foram encontrados restos fósseis de Neandertais na Alemanha. Os defensores da teoria de Darwin foram rápidos a vê-la como uma fase anterior da evolução humana. Mais tarde, no século XX, outros fósseis mostrariam também a evolução do homem, do *Homo erectus* ao *Homo habilis*.

Entretanto, em 1865, o precursor da genética, Gregor Mendel (1822-1884), descobriu as leis da hereditariedade e dos genes, que reforçaram a teoria da evolução, embora Darwin não tivesse tido conhecimento destas teorias. No início do século XX, os trabalhos de Mendel foram paralelos à teoria da evolução, dando origem ao Neo-Darwinismo ou "síntese evolucionária moderna". Complementada pela genética, a teoria de Darwin tornou-se inevitável e explicou perfeitamente a transmissão de variações de um indivíduo à sua descendência. A genética e a descoberta da investigação do ADN também perturbaram a investigação sobre a evolução humana. Os cientistas descobriram que o homem era um primo do macaco, não um descendente direto. A busca do elo perdido parou em favor do antepassado mais antigo comum aos homens e macacos.

Embora Charles Darwin tenha morrido a 19 de abril de 1872, o seu livro pioneiro continua a ser uma das principais obras da história, marcando profundamente as ciências e as conceções filosóficas da natureza e das espécies, incluindo os seres humanos. "Embora este planeta tenha continuado a circular de acordo com a lei fixa da gravidade, desde um início tão simples as formas mais belas e maravilhosas têm sido, e estão a ser, evoluídas". (Darwin 2008).

RESUMO

- Charles Darwin nasceu a 12 de fevereiro de 1809 na Inglaterra. Um pobre estudante, começou a estudar para se tornar médico e pastor, mas sem verdadeiro interesse em fazê-lo. No entanto, ele era apaixonado pelas ciências naturais e empreendeu uma coleção de plantas e insetos.

- No final dos seus estudos, o jovem teve a oportunidade de participar na expedição do *Beagle* em todo o mundo como naturalista. Aceitando a oferta, começou a sua viagem a 27 de dezembro de 1831. Esta viagem levou a que Charles Darwin se tornasse um naturalista de renome.

- Em abril de 1832, descobriu a floresta tropical e ficou chocado com a ferocidade da natureza e com a luta entre as diferentes espécies para sobreviver. Esta visão estava muito longe da ideia de uma natureza abundante de acordo com a vontade divina. Esta experiência mudou para sempre o pensamento de Darwin.

- O *Beagle* chegou à Terra do Fogo em dezembro de 1832. Ao estudar as tribos de Tierra del Fuego, Darwin viu as suas ideias sobre a origem do homem completamente perturbadas. Ele não via o homem como estando separado e acima de outros animais, mas como um mamífero como qualquer outro.

- A expedição chegou então às Ilhas Galápagos em setembro de 1835. Neste arquipélago, o jovem naturalista teve a oportunidade de admirar provas de especiação e variação de espécies através dos tentilhões, dos quais descobriu nada menos que 13 tipos diferentes, diferenciados pelo tamanho dos seus bicos.

- De volta à Inglaterra em 1836, Charles Darwin começou imediatamente a analisar as suas notas e catalogar a sua coleção, confiando mesmo algumas das coleções a vários especialistas, a fim de recolher o máximo de informação possível. Até 1839, ele escreveu livros sobre a sua teoria da evolução.

- Recolhendo o máximo de provas possíveis, Darwin rodeou-se de muitos especialistas e continuou a sua pesquisa. Acabou por lançar as bases da sua teoria ao definir a seleção natural como o gatilho da evolução e a luta pela sobrevivência como a força motriz. No entanto, preocupado com o impacto que tal perturbação poderia causar, Charles Darwin levou vinte anos a escrever o seu livro.

- Após escrever vários rascunhos em 1842 e 1844, e finalmente começar a escrevê-lo em 1856, Charles Darwin foi apressadamente empurrado para completar a publicação da sua obra. Outro naturalista, Alfred Wallace, tinha chegado ao mesmo resultado que ele e havia o risco de publicar a sua teoria primeiro.

- A 24 de Novembro de 1859, a nova teoria da evolução foi publicada sob o nome *Sobre a Origem das Espécies por Meios de Seleção Natural*. O livro teve tanto sucesso que foi reimpresso seis vezes até 1866.

- O livro de Charles Darwin provocou imediatamente uma controvérsia, particularmente entre os representantes da Igreja. O naturalista continuou, no entanto, o seu trabalho e abordou a questão da origem do homem e da sua evolução, estilhaçando para sempre as ideias filosóficas do seu tempo.

- Charles Darwin morreu a 19 de abril de 1872.

SAIBA MAIS

BIBLIOGRAFIA

Bowlby, J. (1992) *Charles Darwin: Uma Nova Vida*. Nova Iorque: W.W. Norton & Company.

Brosse, J. (1999) *Les tours du monde des explorateurs. Les grands voyages maritimes, 17641843*. Paris: Bordas.

Continenza, B. (2004) *Darwin, l'arbre de vie*. Paris: Pour la Science.

Darwin, C. (2002) *Autobiografias*. Londres: Pinguim.

Darwin, C. (2008) *On the Origin of Species*. Oxford : Oxford World's Classics.

Histoire universelle : le XIXe siècle en Europe et en Amérique du Nord (2007) *Création de l'Empire britannique*. Paris: Hachette.

Histoire universelle : le XIXe siècle en Europe et en Amérique du Nord (2007) *La science romantique*. Paris: Hachette.

Histoire universelle : le XIXe siècle en Europe et en Amérique du Nord (2007) *Positivisme et science expérimentale*. Paris: Hachette.

Rice, T. (1999) *Voyages : trois siècles d'explorations naturalistes*. Neuchâtel: Delachaux e Niestlé.

Tort, P. (1997) *Darwin et le darwinisme*. Paris: Imprensa Universitaires de France.

FONTES ADICIONAIS

Desmond, A. Moore, J.A. (1992) *Darwin*. Nova Iorque: W.W. Norton & Company.

Ruse, M. (2008) *Charles Darwin*. Oxford: Blackwell.

Ruse, M. (eds.) (2013) *The Cambridge Encyclopedia of Darwin and Evolutionary Thought*. Cambridge: Imprensa da Universidade de Cambridge.

Ruse, M. e Richards, R.J. (2016) *Debate sobre Darwin*. Chicago: Imprensa da Universidade de Chicago.

Strager, H. (2016) *A Modest Genius: The Story of Darwin's Life and How His Ideas Changed Everything* (*Um génio modesto: A história da vida de Darwin e como as suas ideias mudaram tudo*). CreateSpace Plataforma de Publicação Independente.

FONTES ICONOGRÁFICAS

Pilha Voltaic, imagem do livro *Leçons de Physique* de Louise Margat-L'Huillier. Paris: Vuibert et Nony, 1904. Imagem de reprodução livre de direitos autorais.

Carl Linnaeus, gravura do livro "*Famous Men of Science*" de Sarah K. Bolton. Nova Iorque: T. Y. Crowell & Co., 1889. Imagem de reprodução livre de direitos autorais.

Charles Darwin aos 7 anos de idade, por Ellen Sharples, 1816. Imagem de reprodução livre de direitos autorais.

Alfred Russel Wallace, 1908. Imagem de reprodução livre de direitos autorais.

Le HMS Beagle em Tierra del Fuego por Conrad Martens. Esta pintura foi produzida durante a viagem do *Beagle* (1831-1836). Quadro de reprodução sem direitos de autor.

Os tentilhões de Darwin, 1845. © John Gould.

FILMES E DOCUMENTÁRIOS

Darwin et la Science de l'évolution. (2003) [Documentário]. Valérie Winckler. Dir. France: Arte France, Trans Europe Film, CNRS Images.

Charles Darwin e a Árvore da Vida. (2009) [Documentário]. David Attenborough. Escrito. REINO UNIDO: British Broadcasting Corporation, The Open University.

Criação. (2009) [Filme]. Jon Amiel. Dir. Reino Unido: Companhia de Fotografia Gravada.

Le Grand Voyage de Charles Darwin. (2009) [Documentário]. Hannes Schuler e Katharina von Flotow. Dir. France: Les Films du Paradoxe.

MUSEUS E MONUMENTOS COMEMORATIVOS

Down House, a casa de Charles Darwin, Down, Kent (Reino Unido).

Monumento Charles Darwin, Shrewsbury (Reino Unido).

Museu de História Natural, Londres (Reino Unido).

Estátua de Charles Darwin no Museu de História Natural, Londres (Reino Unido).

Queremos ouvir de si!
Deixe um comentário sobre a sua biblioteca online
e partilhe os seus livros favoritos nas redes sociais!

IMPROVE YOUR GENERAL KNOWLEDGE

IN THE BLINK OF AN EYE!

www.50minutes.com

Mestre ISBN: 9782808065696
Papel ISBN: 9782808065986
Depósito legal: D/2022/12603/127

Desenho digital: Primento,
o parceiro digital dos editores.